LE MARCHAND DE BOEUFS,

VAUDEVILLE EN DEUX ACTES,

PAR MM. F. LALOUE ET ANICET BOURGEOIS,

Représenté pour la première fois à Paris, sur le Théâtre National du Cirque-Olympique,
le 14 décembre 1839.

DISTRIBUTION :

MANOURY, propriétaire............ M. PATONNELLE.	UN MARCHAND DE VIN............ M. MILLOT.
DUPONT, marchand de bœufs...... M. LEBEL.	Mme MANOURY................,.......... Mlle SOPHIE.
M. DE MURVILLE, gentilhomme.. M. ALPHONSE S.	GERTRUDE, vieille domestique.... Mme DUMONT.
JEAN, domestique................. M. WILLIAMS.	LOUISE, fille de Manoury.......... Mlle ISABELLE.
ADOLPHE, neveu de Manoury..... M. EDMOND.	THÉRÈSE, mère d'Adolphe......... Mme MÉCHIN.
GUILLAUME, ami de Manoury..... M. BANET.	AMIS DE MANOURY, INVITÉS, DOMESTIQUES, ETC.

La scène se passe en Normandie, dans le château de M. Manoury.

ACTE I.

Le théâtre représente un salon assez élégant, mais tout en désordre.

SCÈNE I.

GERTRUDE, JEAN, occupés à réparer le désordre
de l'appartement.

JEAN.
Où faut-il mettre ces bouteilles ?

GERTRUDE.
Elles sont vides !.. elles doivent l'être, avec
tous ces sacs à vin !...

JEAN, le goulot d'une bouteille dans la bouche.
Vides... pas une goutte, quoi !

GERTRUDE.
Voilà un salon dans un bel état... ah ! mon
Dieu !... quel temps !.. quelles mœurs !.. en voilà
des taches !

JEAN.
Bah ! bah ! faut-il pas qu'un homme s'amuse
un peu quand il est riche ?

GERTRUDE.
Quand un homme est riche, et qu'il a eu l'hon-
neur d'épouser une jeune personne bien élevée,
il ne doit pas recevoir chez lui des paysans
sans usage, des marchands de bœufs sans politesse.

JEAN.
Mais ils sont très doux, très sages... Tiens,
voilà trois assiettes cassées !..

GERTRUDE.
Trois pièces de notre service de vieux Sè-
vres... Mettez donc une vaisselle de princes devant ces malotrus !.. quelle société !

JEAN.
C'est vrai que les amis de Monsieur n'ont pas
d'aussi belles manières que les amis de Madame...

aussi M. Manoury a bien fait d'avoir ses jours
à lui... Madame reçoit le mardi, et Monsieur le
jeudi.

GERTRUDE.
Tu veux dire qu'il reçoit le jeudi et le ven-
dredi, attendu que sa société ne s'en va que le
matin... et dans quel état !

JEAN.
C'est vrai qu'on est forcé d'en reconduire
quelques-uns... mais il y a toujours la pièce
pour les domestiques ; tandis que dans la société
de Madame, on est très poli, et mais se borne à
ça. Tenez, voilà vos serviettes.

GERTRUDE.
Elles sont propres !.. quels goujats !..

JEAN, balayant le salon.
Un coup de balai, et il n'y paraîtra plus.

GERTRUDE.
Oh ! du temps que ce pauvre M. de Murville
vivait, on ne voyait pas de ces choses-là.

JEAN.
Les huissier venaient saisir tous les jours.

GERTRUDE.
Ils saisissaient, c'est vrai, mais avec respect.

JEAN.
On ne payait pas les gages des domestiques.

GERTRUDE.
Non... mais on avait des égards pour eux.

JEAN.
Je ne déteste pas les égards, mais j'aime mieux
l'argent.

GERTRUDE.
L'argent !.. vous avez bien le genre de votre
maître, vous !

Votre maître n'est qu'un manant,
Aux formes rudes et grossières.

JEAN.

Bah ! on a de belles manières
Avec beaucoup d'argent comptant.

GERTRUDE.

D'vait-il prétendre à l'héritière
D'une vieille et noble maison.

JEAN.

Bien vieille, vous avez raison,
Car on l'a fait r'bâtir tout entière.

JEAN.

Je vous demande un peu où en serait Mlle de
Murville, sans son mariage ?

GERTRUDE.

Elle en serait... elle en serait à ne pas s'appeler Mme Manoury, et c'est déjà quelque chose.

JEAN.

Moi, je trouve que le nom de Mme Manoury
avec de grands revenus et une belle fortune,
sonne encore mieux que celui de Mlle de Murville orpheline et sans un sou vaillant.

GERTRUDE.

Ah ! on voit bien d'où vous sortez, mon cher.

JEAN.

D'une des fermes de M. Manoury, où j'étais
beaucoup mieux qu'ici... J'avais une grosse
blouse où j'étais plus à l'aise que dans c't'habit
galonné où madame m'a fait entrer malgré moi,
j'avais de gros bas de laine qui ne me serraient
pas le mollet comme ces maudits bas de soie
qui me grattent comme si j'avais les jambes dans
des étrilles.

GERTRUDE, d'un ton plus doux.

Dites-moi, Jean, car à part vos idées, vous
êtes un bon garçon... Comment expliquez-vous
les sorties que fait votre maître tous les ma-
tins ?.. On jase beaucoup là-dessus.

JEAN.

On a tort.

GERTRUDE.

Mais vous devez savoir quelque chose, vous ?

JEAN.

Si je le savais, je ne vous le dirais pas.

GERTRUDE.

Très bien ! si je le découvre, moi, nous ver-
rons beau jeu !

JEAN.

Vous irez le dire à Madame ?

GERTRUDE.

Oui, sans doute, je le dirai.

JEAN.

Monsieur pourra bien vous chasser.

GERTRUDE.

Me chasser !.. mais c'est tout ce que je lui demande !   JEAN.

Oh ! alors vous vous entendrez tout de suite.

GERTRUDE.

Oh ! je ne lui laisserai pas le plaisir brutal de
me mettre à la porte ; je m'en irai de moi-
même.

JEAN.

C'est ça, tambour battant, mèche allumée,
avec les honneurs de la guerre.

GERTRUDE.

C'est moi, entendez-vous, M. Jean, c'est moi

qui donnerai mon compte à votre maître qui
n'est pas fait pour être servi par des gens comme
il faut... Justement, voici madame.

SCÈNE II.

LES MÊMES, Mme MANOURY.

GERTRUDE.

Ma bonne maîtresse... il ne faut pas m'en
vouloir, mais le pain qu'on mange ici est trop
dur... je n'en veux plus.

Mme MANOURY.

Que voulez-vous dire, ma bonne Gertrude ?

GERTRUDE.

Je veux dire, madame, qu'il ne m'est plus possible de rester dans une maison comme celle-ci..
quand on a toujours vécu comme une honnête
femme, on ne peut pas s'habituer aux indignités
qui s'y passent.

Mme MANOURY.

Gertrude !

GERTRUDE.

Ah ! ça n'est pas pour vous que je dis ça...
quand j'étais votre gouvernante... car je vous ai
élevée, pauvre victime que vous êtes !.. tout
était sur un autre pied... tout le monde m'ho-
norait... quand on m'abordait, tout le monde me
disait : Comment se porte dame Gertrude ?..
car c'est ainsi que m'appelait M. votre père...
aujourd'hui, chacun imite M. Manoury, pour
notre malheur le maître de céans, et on ne m'appelle plus que la mère Gertrude... ou bien encore la vieille !.. enfin on me traite comme une
servante de cabaret... je n'ai affaire qu'à des
ivrognes... votre mari...

Mme MANOURY.

Gertrude, ne mêlez pas mon mari à vos plain-
tes... M. Manoury est un honnête homme et
sans sa fortune qu'il m'a fait partager, je n'aurais pas pu vous garder, ma pauvre Gertrude.

GERTRUDE.

Oui, mais moi, je vous aurais gardée... j'aurais travaillé jour et nuit pour vous servir, et
vous n'auriez pas eu le courage de renvoyer la
pauvre vieille Gertrude.

Mme GERTRUDE.

Puisque je me trouve heureuse, ne soyez pas
plus difficile que moi.

GERTRUDE.

Quand chaque jour votre époux se dérange.

Mme MANOURY.

Imitez-moi, Gertrude...

GERTRUDE.

          Il le faudrait ;
Mais, de douceur si vous êtes un ange,
Je n'ai pas, moi, cett' qualité.

JEAN.

          C'est vrai.

GERTRUDE.

En vous voyant près d'monsieur, sur mon âme,
Ah ! c'est pour vous que je m'sens serrer l'cœur ;
Car, de plus qu'vous, j'ai, du moins, un bonheur ;
          C'est de ne pas être sa femme.

Mme MANOURY.

Il faut être indulgente... M. Manoury ne peut

pas renoncer tout-à-coup à voir ses anciens
amis... C'est un peu de fatigue que cela vous
donne : eh bien ! je prendrai une personne de
plus qui aidera Jean... vous ne ferez que mon
service à moi et celui de ma petite Louise... Se-
rez-vous contente ?

GERTRUDE.

Il le faut bien... d'ailleurs, est-ce que je pour-
rais vous quitter ?.. Et, pourtant, il se passe ici
des choses...

Mme MANOURY.

Chut !.. Mes amis, je reçois aujourd'hui, pour
l'anniversaire de la naissance de ma petite Louise,
qui a deux ans accomplis.

GERTRUDE.

Au moins, nous allons voir des personnes de
distinction... Ça changera un peu l'air... ça le
purifiera !

SCÈNE III.

Les Mêmes, M. de MURVILLE.

MURVILLE.

Bonjour, ma chère amie, j'arrive avant l'heure
indiquée, pour vous trouver seule et causer un
peu... Eh bien ! comment tout va-t-il ici ?

GERTRUDE.

Comme à l'ordinaire... Il s'y fait plus de bruit
en une semaine que je n'en ai entendu dans les
cinquante années où j'y ai vécu.

MURVILLE.

Bah ! ce brave Manoury ne prend donc pas un
petit vernis de bonne compagnie ?

Mme MANOURY.

Cela viendra, mon oncle !

MURVILLE.

Sans doute ; auprès de vous, ma nièce, et
avec la société que vous recevez...

GERTRUDE, à part.

Oui, avec M. Dupont et M. Guillaume, ça ne
peut pas manquer de bien aller.

Mme MANOURY.

Jean, allez prévenir mon mari de l'arrivée de
mon oncle.

JEAN.

Je vais vous dire, madame, c'est que monsieur est sorti.

Mme MANOURY.

Déjà !..

GERTRUDE.

Comme il ne s'est pas couché, il n'a pas eu
de peine à se lever.

MURVILLE.

Comment ! pas couché ?..

Mme MANOURY.

Nous avons reçu hier au soir... et la partie
s'est prolongée... Les nuits d'été sont si courtes...
Vous dites, Jean, que Monsieur est sorti de grand
matin ?

GERTRUDE.

Comme tous les jours.

Mme MANOURY, à part.

Taisez-vous, Gertrude !

MURVILLE.

Il va à la chasse peut-être ?

Mme MANOURY.

Oui, c'est cela !..

GERTRUDE, à part.

Drôle de chasse !.. (Bas à Mme Manoury.) Votre
résignation me rend toute ma colère... Votre
mari vous trompe !.. j'en mettrais ma tête sur le
billot !

Mme MANOURY, de même.

Ah ! Gertrude, c'est mal ce que vous dites !..

(On entend casser de la porcelaine.)

GERTRUDE.

Ah ! mon Dieu !..

MURVILLE.

C'est tout un service qu'on brise.

GERTRUDE.

Ça doit être monsieur, bien sûr.

SCÈNE IV.

Les Mêmes, MANOURY.

MANOURY, entrant, à la cantonnade.

Ramassez les morceaux et donnez-les au petit
jardinier, il s'en fera des castagnettes.

JEAN, sortant.

En v'là d'l'ouvrage.

GERTRUDE.

C'est le cabaret du petit salon... Une porcelaine magnifique !

MANOURY.

On a si bien fermé les jalousies, les persien-
nes, les rideaux, qu'il fait noir là-dedans comme
dans une cave... Puisque le soleil n'est pas d'assez bonne compagnie, il fallait au moins mettre
une veilleuse, ou rester là de planton pour crier
casse-cou ! Ah ! il y a du monde ici... C'est toi,
Fanny !.. (Il va à elle pour l'embrasser, Mme Manoury se recule doucement.) Ah ! c'est juste...
L'embrassement et le tutoiement ne sont pas du
bel usage.

Air de la Colonne.

Dam, excusez si ma parole est rude
Et si mon cœur s'exprime franchement,
C'est le restant d'une vieille habitude,
Et, malgré moi, ça s'en va lentement.
Votre froideur m'en dit assez, madame,
Et je vois bien qu'il faut changer d'façon.
Je n'savais pas qu'il était d'mauvais ton
D'avoir de l'amour pour sa femme.

(Allant à M. de Murville, et reprenant son ton ordinaire. (Ah ! vous voilà, père gentilhomme... Tou-
chez là !.. Comment va votre fils ?.. Est-on content de lui au collége ?

MURVILLE.

Grâce à votre générosité, mon cher M. Manoury, je crois que son éducation sera bril-
lante.

MANOURY.

Il n'y a pas de générosité là-dedans... c'est le
cousin de ma femme... de madame, je veux
dire... J'ai tant de chagrin d'être resté un igno-
rant et un grossier, que je suis enchanté qu'un
peu d'argent puisse faire avoir à quelqu'un ce
qui me manque... Je donnerais cent... deux cent
mille francs pour être un autre homme.

MURVILLE.

Vous êtes fort bien comme vous êtes.

MANOURY.

Vous ne dites pas ce que ce que vous pensez,

père gentilhomme. C'est ça qu'on est convenu
d'appeler de la politesse, n'est-ce pas?

MURVILLE.

Je vous répète, monsieur Manoury, que je
vous trouve très bien pour un homme...

MANOURY.

Mal élevé, à la bonne heure, voilà ce que vous
pensez... ce que pense Madame.

Mme MANOURY.

Je pense, mon ami, que vos bonnes qualités
naturelles se perdront dans la société que vous
voyez... Vous avez encore passé cette nuit entière... Est-ce bien, dites-moi?

MANOURY.

Il faut que je m'étourdisse... Autrefois je n'aimais pas le vin... A présent, j'en bois par en-
nui... et comme je m'ennuie beaucoup...

GERTRUDE, à part,

Il boit en conséquence.

MANOURY.

Quand j'ai le vin dans la tête, je n'y ai plus autre chose... C'est toujours ça de gagné.

Mme MANOURY.

Il semble que vous preniez plaisir à vous rendre malheureux!

MANOURY.

C'est vrai, ça... le chagrin me mine et me tue
lentement... Je voudrais aller plus vite, voilà
tout.

Mme MANOURY.

Ai-je jamais rien fait qui justifiât ce que vous
dites?

MANOURY.

Eh! mon Dieu!.. vous êtes sage autant que
vous êtes belle... Cela vous suffit pour être contente de vous... mais vous ne m'aimez pas...
non, vous ne m'aimez pas... Après ça, je ne mé-
rite guère cet amour... j'en conviens.

MURVILLE.

Je crois que ma nièce n'a jamais oublié...

MANOURY.

Oh! non!.. elle n'a jamais oublié qu'elle est la
fille du seigneur dont j'étais le fermier.

MURVILLE.

Ce n'est pas ce que je voulais dire... je voulais
parler...

MANOURY.

De ses devoirs envers moi!.. oh! mon Dieu,
non!... Elle est honnête femme... bonne mère...
A votre âge on croit que cela suffit... Au mien,
plus une femme a de vertus, plus elle possède de
qualités... plus on regrette de ne pas avoir son
amour... Je ne sais pas si je n'aimerais pas autant
être trompé...

Mme MANOURY.

Ah! monsieur...

MANOURY.

Eh! oui, sans doute; au moins j'aurais un motif de colère... je me vengerais sur quelqu'un!..
Je suis fou, n'est-ce pas?

Mme MANOURY.

Non... mais vous n'êtes pas raisonnable. (Avec
douceur.) Cette exaltation ne vient-elle pas aussi
d'un peu d'irrégularité dans votre conduite...
Vous, autrefois sobre et réservé... aujourd'hui
jeté dans les excès...

MANOURY.

Vous voulez dire que je suis un ivrogne!.. Eh

bien! vous ferez tant, vous et vos gentillâtres,
que je deviendrai peut-être pire encore.

(Il tombe sur un fauteuil.)

GERTRUDE.

Miséricorde!.. que sera-t-il alors?

SCÈNE V.

Les Mêmes, DUPONT, JEAN.

JEAN, se mettant en travers de la porte.

Vrai, vous ne pouvez pas entrer, M. Dupont.

DUPONT.

En voici bien d'une autre.

JEAN.

C'est le jour du grand monde aujourd'hui...
vous n'en êtes pas...

DUPONT, le poussant.

Tu vas voir que j'en suis.

JEAN, tombant sur un fauteuil.

Je vois que vous en êtes.

MURVILLE.

C'est scandaleux!.. on n'entre pas ainsi chez
d'honnêtes gens.

MANOURY, se levant.

Qu'est-ce qu'il y a donc?

DUPONT.

C'est cet animal-là qui ne veut pas me laisser
entrer.

MANOURY.

Et pourquoi ça?

JEAN.

Parce que Madame me l'a défendu... M. Dupont, ne doit entrer ici que les jours où Monsieur
reçoit.

DUPONT.

Il paraît que pour recevoir ton vieil ami
Dupont, il te faut la permission de ta femme?

MANOURY.

Je suis le maître chez moi... d'ailleurs, ma
femme n'a pas donné cet ordre-là.

Mme MANOURY.

Pardonnez-moi... je ne voulais pas que vos
amis se rencontrassent avec les miens.

DUPONT, saluant.

Merci, madame Manoury.

JEAN.

Et comme c'est aujourd'hui jour de réception
de Madame, j'avais cru devoir dire que Monsieur
était sorti.

MANOURY.

Ah! vous voulez me traiter en grand seigneur...
et dire à mes vieux amis... Monsieur... n'est pas
visible... Écoute Dupont, toutes les fois que
l'on te dira cela, je t'autorise à enfoncer les
portes, pour voir si j'y suis, et, de plus, à ros-
ser Jean, quand il se permettra de mentir comme
un laquais... C'était un brave garçon autrefois...
mais il paraît que la livrée à déjà déteint sur lui.

JEAN.

Mais, M. Manoury.

MANOURY, s'emportant.

Tais-toi, où je te chasse.

Mme MANOURY.

Monsieur...

MANOURY.

Tout cela vient de vous, madame.

Mme MANOURY.

De moi!..

MANOURY.

Oui, de vous !.. Ici, personne n'a de respect pour moi, et tout cela par vos ordres.

Mme MANOURY.

Par mes ordres ?

MANOURY.

Vous défendez de laisser arriver mes amis jusqu'à moi !..

Mme MANOURY.

Aujourd'hui, je reçois quelques personnes pour l'anniversaire de la naissance de ma fille.

MANOURY.

Air : Vaud. de partie carrée.

Ah ! je conçois votre délicatesse,
Si mon ami ne peut être invité,
C'est qu'il n'a pas de titres de noblesse.
Mais il en a...

DUPONT.

Le quoi.

MANOURY.

La probité !..
C'est le seul bien dont il ait hérité ;
Mais à lui seul, il en vaut qu'on renomme,
Car c'est par lui que l'on arrive à tout !
Oui, de nos jours, madame, un honnête homme,
Est bien reçu partout.

Mme MANOURY.

Si vous m'aviez exprimé le désir que M. Dupont fût invité, il aurait été mis sur ma liste.

DUPONT.

Bien obligé, madame... Dupont a peut-être bien quelques défauts, il manque peut-être quelque chose à son éducation ; mais il n'est pas assez mal élevé pour rester dans une maison où il peut gêner... je vous tire ma révérence, madame... Adieu, Manoury... ta femme a une manière de m'inviter qui me ferait sauver à dix lieues.

MANOURY.

Je ne veux pas que tu t'en ailles... Parbleu, madame je ne suis pas dupe, non plus, de votre politesse... à la place de Dupont, je ferais comme lui, car nous avons du cœur, nous autres petites gens, comme votre société nous appelle... mais Dupont restera, parce qu'il est chez moi, et que c'est moi qui l'invite, non pas avec ce ton qui veut dire : allez-vous-en !.. mais en lui serrant la main, car c'est mon plus ancien, mon meilleur ami ; si vous le recevez mal, savez-vous ce que je ferai ? je m'en irai avec lui... je ne suis pas souvent chez moi, je n'y serai plus du tout... Avant de vous connaître, j'étais laborieux, et mon travail a fait ma fortune... vous m'avez fait quitter mes travaux, parce qu'ils vous déplaisaient... je l'ai fait... j'ai voulu vous aimer... votre froideur m'a repoussé... l'amour d'un mari, c'est mauvais genre !.. j'ai cherché avec mes amis le plaisir que je ne trouvais plus dans ma maison ; et pour me distraire de mes chagrins, je suis devenu un buveur, un paresseux... je deviendrai peut-être un joueur, un mauvais sujet... ce sera votre faute... vous aurez fait mon malheur et le vôtre.

Mme MANOURY.

Je n'ai rien à répondre à ces injustes reproches, sinon que je n'ai rien fait qui les méritât... je me retire, et je vous laisse libre de recevoir ici, avec M. Dupont, qui bon vous semblera.

(Elle salue profondément et se retire.)

SCÈNE VI.
DUPONT, MANOURY.

DUPONT.

Air : Voilà comme tout s'arrange.

Eh bien ! mon cher.

MANOURY.

Eh bien ! Dupont,
Qu'en dis-tu ?..

DUPONT.

Ma foi que t'en semble ?

MANOURY.

Elle est partie...

DUPONT.

Et tout de bon,
Nous plantant tous les deux ensemble,
Mais d'où vient ton étonnement ?
C' n'est pas la première fois, je pense,
Que tandis qu'en époux tremblant,
Près d'ell' tu fais du sentiment,
Ta femm' te fait la révérence.

MANOURY.

Enfin, avais-je tort ?

DUPONT.

Non certainement ; mais le grand système de ce monde-là, vois-tu, c'est de vous dire des choses très dures avec beaucoup de politesse... ça vous fâche... vous battez la breloque... ils vous répondent encore avec un peu plus de politesse... la tête déménage... vous perdez la trémontane... comme tu viens de faire... comme je ferai, moi, à la première occasion... alors une dernière révérence, puis, plus personne !.. Et il se trouve que nous sommes des imbéciles !.. tout le monde leur donne raison... qu'est-ce que tu veux faire à ça !

MANOURY.

Ce que je veux, c'est être le maître dans ma maison !..

DUPONT.

Mais tu ne peux pas, mon garçon, il n'y a pas moyen... d'abord tu es amoureux de ta femme... ça commence déjà à te couper la parole... et puis le bon ton et la politesse t'achèvent... j'ai vu ça par moi-même... l'autre jour que j'avais une discussion avec son oncle, le vieux comte. Foi d'homme, j'avais raison... comme il n'en voulait pas convenir, tout en me parlant comme il aurait fait à un duc, la moutarde me montait au nez... je commençais à dire des choses... tu sais, comme ça nous vient, à nous... ça n'a pas été long, va... il a retiré sa jambe gauche en arrière, il a rapproché sa droite... il m'a salué, s'en est allé, et je suis resté là comme un jobard.

MANOURY.

Il y a du vrai dans tout ça.

DUPONT.

Allons, adieu, mon vieux... je reviendrai dans un meilleur moment.

MANOURY.

Comment, tu t'en vas !

DUPONT.

Ta femme attend sa société... je crains quelques politesses... j'aime mieux m'en aller.

MANOURY.

Tu vas rester ici, et tu vas déjeûner avec moi.

DUPONT.

Oh! mon ami!.. ça me paraît bien fort!.. ça te fera arriver encore quelques révérences.

MANOURY.

Laisse donc tranquille... j'ai essayé de tout... je me suis gêné, on ne m'en a pas su gré... depuis que je me suis mis à mon aise, je ne suis ni plus mal, ni mieux... j'y gagne de faire à peu près ma volonté.

DUPONT.

Puisque tu te risques... à la bonne heure!..

MANOURY, sonnant et appelant.

Gertrude! Gertrude! Gertrude!..

SCÈNE VII.

LES MÊMES, GERTRUDE.

GERTRUDE.

Il ne faut pas demander qu'est-ce qui fait ce carillon?.. (Haut.) Qu'est-ce que vous voulez, monsieur?

MANOURY.

A déjeûner pour quatre.

GERTRUDE.

A déjeûner?

MANOURY.

Pour quatre... entendez-vous?.. et que ce ne soit pas long...

DUPONT.

Mais nous ne sommes que deux.

MANOURY.

Tu iras chercher Guillaume et Pastoureau.

GERTRUDE.

Mais, monsieur, j'ai à faire le dîner pour les personnes que madame à invitées.

MANOURY.

Vous le ferez après... et dépêchons-nous.

DUPONT, bas.

Manoury tu te mets dans l'embarras.

MANOURY.

J'ai mon idée... je veux que ça éclate aujourd'hui, j'en ai assez...

DUPONT.

Suffit, ça te regarde.

MANOURY, à Gertrude.

Eh! bien, que faites-vous là?.. vous ne m'avez pas entendu?

GERTRUDE.

J'aurais bien du malheur si je ne vous avais pas entendu... vous criez assez...

MANOURY.

Je crie parce que je suis le maître et qu'on n'a pas assez l'air de le savoir.

GERTRUDE.

Oh! mon Dieu!.. si, on le sait!.. Je vas mettre votre couvert dans la petite salle à manger.

MANOURY.

De quoi!.. de quoi!.. c'est ici que je veux déjeûner... vous mettrez mon couvert là... dans ce salon.   GERTRUDE.

Mais madame attend du monde... et c'est ici..

MANOURY.

Elle recevra dans sa chambre!

DUPONT, bas.

Oh! comme tu vas te faire saluer.

MANOURY.

C'est ce que je veux... (A Gertrude.) Allons, dépêchons!..

GERTRUDE.

C'est possible que vous soyez le maître, c'est même assez vexant!.. mais vous le seriez deux fois davantage que je ne me prêterai pas à la grossièreté que vous voulez faire à madame et à sa société.   MANOURY.

Je me moque de sa société... je ne m'occupe que de la mienne.

GERTRUDE.

Oui, de M. Dupont, qui, au lieu de venir vous donner de mauvais conseils, ferait mieux de vendre ou de garder ses vaches.

DUPONT.

A la bonne heure, au moins en voilà une qui dit franchement des sottises.

MANOURY.

Eh bien! pour que vous ne voyiez plus cette société qui vous déplaît, je vous chasse.

GERTRUDE.

Vous me chassez?

MANOURY.

Oui, je vous chasse.

GERTRUDE.

Voilà la seule parole agréable que vous m'ayez dite jusqu'à présent.

MANOURY.

Vous en irez-vous?

GERTRUDE.

Vous pouvez être tranquille, ce ne sera pas long!.. croyez-vous que je vais regretter votre maison?.. c'est devenu beau depuis que vous y êtes!.. apprenez qu'une femme comme moi, qui n'a vécu que dans le beau monde, n'est pas faite pour être aux ordres du premier malotru qu'il vous plaît d'amener au château.

MANOURY.

Taisez-vous, insolente!

GERTRUDE.

Me taire!.. jour de Dieu!.. il y a assez longtemps que je me tais!.. avant de m'en aller, il faut que je m'en donne!.. oh! vous croyez qu'il suffit d'avoir beaucoup d'argent pour être aimable? ne fallait-il pas que Madame aimât Monsieur!.. voyez-vous comme il est séduisant!.. mais moi qui vous parle, avec mes cinquante ans, je ne voudrais pas de vous pour mari et je n'en veux plus pour maître. (Jetant ses clés.) Je m'en vais... mais comme il faut, sans doute, que M. Dupont, Guillaume et autres ne s'en aillent pas sans boire et manger... voici les clefs du buffet et de la cave... mais vous les servirez vous-même... il n'y a plus de domestiques ici pour des gens de leur espèce.   (Elle sort.)

SCÈNE VIII.

DUPONT, MANOURY.

MANOURY, ramassant les clefs pour les jeter à Gertrude.

Attends, vieille sorcière!..

DUPONT, lui arrêtant le bras.

Tu vas encore faire une bêtise... laisse-la dire... il n'y a qu'avec elle que tu causes sans désavantage... vous criez tous les deux... au moins ça se comprend.

MANOURY.

Ne pas pouvoir se faire servir chez soi !.. c'est un peu dur.

DUPONT.

Mais non, c'est tout naturel, dans ta position.. nous ne déjeûnerons pas, voilà tout...

MANOURY.

Si fait, par Dieu !.. nous allons déjeûner au cabaret sur la grande place... devant la porte.

DUPONT.

Toi, M. du château, au cabaret ?..

MANOURY.

. Quand ça ne serait que pour faire enrager ma femme, je le ferai... tu iras chercher les amis.

DUPONT.

Ça va... j'aime mieux ça !.. à propos, je t'apportais les quittances des mois du petit... tiens !.. les voilà !..

MANOURY.

C'est bien !.. de ce côté, au moins, je ne suis pas malheureux !.. ceux-là me paient en bonne amitié. (Il jette les quittances sur un meuble.) Allons au cabaret; comme dans le bon temps, chez le père Vincent... adieu, château, salons, où je m'ennuie... adieu tout ce qui... ah! si j'avais le courage de quitter ma femme... et la jolie petite fille qu'elle m'a donnée, peut-être retrouverais-je ma gaîté d'autrefois... le cabaret me donnera sans doute quelque bonne idée.

ENSEMBLE.

Air : Du siège de Corinthe.

Allons partons à la guinguette
Du moins, si nous sommes servis
Sans façons, nappes, ni serviettes
Nous serons reçus en amis.

MANOURY.

Adieux, salons, où chacun me repousse,
Ah ! je voudrais vous quitter pour toujours ;
Mais mon enfant, toi, ma fille si douce
Ah ! loin de toi, puis-je avoir d'heureux jours.
Allons partons, etc., etc., etc.

SCÈNE IX.

.Mᵐᵉ MANOURY, GERTRUDE, MURVILLE.

MURVILLE.

Comment, ma chère Gertrude, est-il vrai que Manoury vous ait autant maltraitée que vous le dites ?

GERTRUDE.

. Bien pis encore !.. c'est très décidé, madame, je m'en vais !.. je n'en puis pas souffrir davantage.   Mᵐᵉ MANOURY.

Vous ne ferez, Gertrude, que ce que je vous engagerai à faire.

GERTRUDE.

Oh! mon Dieu !.. madame, si je vous disais tout...

Mᵐᵉ MANOURY.

Je ne veux rien savoir de plus.

GERTRUDE.

Et moi je veux vous dire.

MURVILLE.

Laissez, ma nièce, il est peut-être utile que l'on sache...

GERTRUDE.

Oui, très utile !.. votre mari ne se contente pas d'être grossier... dur avec les domestiques... il fait encore des choses indignes !

MURVILLE.

Expliquez-vous.

GERTRUDE, d'un ton confidentiel.

Je suis sûre qu'il a une maîtresse dans le village.

Mᵐᵉ MANOURY.

Cela n'est pas, Gertrude.

GERTRUDE.

Moi, je dis que cela est... il va tous les jours chez une paysanne qui est venue depuis quelque mois dans le pays... cette femme qui ne travaille pas, vit dans l'aisance, et n'a d'autres ressources connues que la bienfaisance de votre mari.

MURVILLE.

Eh ! ceci devient grave !

GERTRUDE.

On dit que cette femme a un fils élevé dans un collége de Paris... personne ne connaît de père à cet enfant-là.

Mᵐᵉ MANOURY.

C'est un acte de bienfaisance.

GERTRUDE.

A la bonne heure !.. prenez ça comme vous voudrez... moi, je ne puis voir des horreurs pareilles... voici mes comptes, madame.

Mᵐᵉ MANOURY, prenant les papiers de Gertrude et les jette sur un meuble où Manoury, a laissé les quittances apportées par Dupont.

C'est bien !.. je verrai cela plus tard.

GERTRUDE, reprenant les papiers.

Non, non, tout de suite, madame. Tiens, mais voilà des papiers qui ne sont pas à moi.

Mᵐᵉ MANOURY.

Ils sont sans doute à mon mari... remettez-les.

GERTRUDE, qui a lu.

Ah ! en voilà bien d'un autre !.. je tiens le pot aux roses... « Reçu de M. Manoury pour deux trimestres de pension du jeune Adolphe... 350 francs...» Est-ce clair, ça ?.. il est le père de l'enfant !.. c'est une horreur !.. c'est une indignité !..

MURVILLE.

J'avoue que c'est un peu fort?

GERTRUDE.

Qu'allez-vous faire, madame ?

Mᵐᵉ MANOURY.

Ce qui convient à ma dignité.

SCÈNE X.

LES MÊMES, JEAN.

JEAN, annonçant.

M. le baron de Vieux-Corbin, Mᵐᵉ la comtesse de Solanges, M. le chevalier Dumesnil.
(Le reste de la société entre sans être annoncé.)

Mᵐᵉ MANOURY.

C'est bien aimable à vous, M. le Baron, d'avoir accepté mon invitation... prenez ce fauteuil, Comtesse... Chevalier, vous m'avez tenu parole... (On s'assied.) C'est pour ma maison un jour de fête que l'anniversaire de la naissance de ma fille... Je sais bien bon gré aux anciens amis de mon père qui sont restés les miens... d'avoir bien voulu...

SCÈNE XI.

LES MÊMES, MANOURY, DUPONT, GUILLAUME, PASTOUREAU.

JEAN, annonçant d'un air contraint.

M. Pastoureau, maître tonnelier!

MURVILLE.

Hein!..

(Pastoureau entre dans un accoutrement de dimanche et avec l'air fort embarrassé.)

JEAN.

M. Guillaume, charpentier!

(Guillaume entre avec le costume de son état, veste et pantalon de velours compas à la poche.)

GUILLAUME.

Faites excuse, madame et la société.

MURVILLE.

Encore,

Mᵐᵉ MANOURY.

Que signifie?

JEAN.

M. Dupont, marchand de bœufs.

TOUS.

Un marchand de bœufs!..

DUPONT.

Mᵐᵉ Manoury, la société, ne vous dérangez pas.

JEAN.

M. Manoury!

MANOURY, un peu gris.

Eleveur de bestiaux... puisque chacun dit son titre, voilà le mien.

(A l'entrée de Manoury, tout le monde se lève.)

DUPONT, bas.

Les voilà qui font déjà leurs politesses... tu vas t'enfoncer.

MANOURY, bas.

Laisse faire. (Haut.) Ne vous dérangez pas... ne vous reculez pas, surtout; il ne me faut pas plus de trois pieds carrés. Vous avez l'air étonnés de me voir... je vous faisais toujours le plaisir de vous priver de ma société; mais aujourd'hui, vous êtes réunis pour l'anniversaire de la naissance de ma fille, et comme je suis pour quelque chose dans cette naissance-là, je veux être pour quelque chose dans la fête qu'on donne à son occasion... de plus, j'amène des amis à moi, qui boiront de bon cœur à la santé de la fille de leur ancien camarade Manoury.

DUPONT.

Pour c'te santé-là, nous viderons ta cave, Manoury.

GUILLAUME.

Et nous ferons danser le fricot... Faites excuse, madame et la société.

Mᵐᵉ MANOURY, à son mari.

Monsieur, vous allez faire partir ces hommes.

MANOURY.

Je ne les ai pas amenés pour ça... vous trouvez qu'ils ont mauvais genre, peut-être qu'en se frottant à vos amis, ils prendront du bon ton... Guillaume, campe-toi là, à côté de M. le Vicomte, et demande-lui une prise; son tabac vaut mieux que ton caporal... toi, Dupont, étale-toi là, à côté de Mᵐᵉ la Baronne, tu lui conteras des douceurs, joli cœur.

DUPONT.

Ça va...   (Il s'assied la Baronne se lève.)

Mᵐᵉ MANOURY.

C'en est trop!

GERTRUDE, à part.

J'ai envie d'aller chercher la garde.

MURVILLE.

M. Manoury, si j'avais vingt ans de moins, ça ne se passerait pas comme ça.

MANOURY.

Est-ce qu'on ne peut pas rire un peu, père gentilhomme.   (Il lui tape sur le ventre.)

MURVILLE.

Vos plaisanteries sont du plus mauvais genre, monsieur.

MANOURY.

Chacun s'amuse chez soi comme il lui plaît, et je suis chez moi.

GERTRUDE.

Quel manant!

MURVILLE.

C'est nous dire assez, monsieur, que ce n'est plus ici notre place. Ma nièce, permettez-nous de nous retirer, et croyez à tout notre chagrin de vous voir dans une semblable position.

(Tout le monde salue et sort.)

DUPONT, à Manoury.

Ils s'en vont et ils te saluent... Te voilà encore enfoncé!..

(Tout le monde sort, excepté Mᵐᵉ Manoury, Manoury, Dupont, Guillaume et Pastoureau. Mᵐᵉ Manoury parle bas à Gertrude.)

GERTRUDE.

Oui, madame! enfin Dieu soit loué!..

(Elle sort.)

SCÈNE XII.

MANOURY, Mᵐᵉ MANOURY, DUPONT, GUILLAUME, PASTOUREAU.

MANOURY.

Ils s'en vont!.. eh bien! nous célébrerons la fête à nous seuls, et pour que ce soit plus gai, Guillaume, t'iras chercher des amis chez le père Vincent.

GUILLAUME.

Faites excuse, madame et la société.

(Il sort avec Pastoureau.)

Mᵐᵉ MANOURY.

La scène incroyable qui vient de se passer avait sans doute pour but d'amener un éclat de ma part... vos prévisions ont été trompées; vous auriez pu arriver au même résultat sans tant d'inconvenance.

MANOURY.

C'est possible, madame, mais je m'ennuyais et j'ai voulu me distraire.

Mᵐᵉ MANOURY.

Je crois pourtant que les distractions ne vous manquent pas.

MANOURY.

Qu'entendez-vous par là?

Mᵐᵉ MANOURY.

Une chose que je ne veux même pas dire... Lisez, monsieur, ces quittances de pension.

DUPONT.

Oh! un instant, ça devient trop sérieux... Je vas vous dire...

MANOURY, bas.

Tais-toi!.. (Haut.) ce sont des choses qui me regardent; vous n'avez rien à voir là.

Mᵐᵉ MANOURY.

Aussi, monsieur, ne vous en parlé-je que pour vous rendre ces papiers qui me sont inutiles... la présence de M. Dupont vous est fort agréable, sans doute; mais comme j'ai quelque chose de particulier à vous dire, si monsieur voulait bien...
(Elle le salue.)

DUPONT, bas à Manoury.

Bon, j'ai mon affaire aussi!.. je suis salué et je m'en vas avec ça!.. (Haut.) Madame, certainement...

MANOURY.

Fais ce que je t'ai dit... va chez Vincent et amène ici les camarades... ils m'ont fait assez souvent les honneurs du cabaret, je veux leur faire les honneurs du château.

DUPONT.

Décidément, tu t'insurges.

MANOURY.

T'en verras bien d'autres... ce n'est pas qu'une émeute, c'est une révolution.
(Dupont sort.)

SCÈNE XIII.

Mᵐᵉ MANOURY, MANOURY.

Mᵐᵉ MANOURY.

Veuillez prendre ce fauteuil, monsieur, et soyez assez bon pour me prêter un moment d'attention.

MANOURY.

Je vous écoute, madame, pourvu que ça ne soit pas trop long; je vous ai dit que j'étais en humeur de m'amuser.

Mᵐᵉ MANOURY.

Quand vous m'avez demandée à ma famille, je vous connaissais peu.

MANOURY.

Oh! je vous connaissais bien, moi! Chaque jour j'étais sur votre passage à l'heure où la vieille Gertrude vous accompagnait à la promenade.

Mᵐᵉ MANOURY.

Cependant tout ce que l'on rapportait d'honnête sur votre compte, la perte de mon père, l'isolement dans lequel j'étais, me décidèrent à accepter votre main... s'il y avait quelque différence dans l'éducation que nous avions reçue, j'espérais du moins que de bons conseils.

MANOURY.

Oh! si vous m'aviez aimé!

Mᵐᵉ MANOURY.

L'amour comme vous l'entendez, me paraît une chose ridicule; j'ai cru qu'il suffisait pour assurer votre bonheur de ne me point m'écarter des devoirs que je me suis imposés en m'unissant à vous, et de vous estimer, de vous aimer comme le père de l'enfant que je vous ai donné.

MANOURY.

Oh! sans doute... vous ne pouvez pas aimer plus que ça, vous!..

Mᵐᵉ MANOURY.

Je crois, du reste, que dans votre position, plus de tendresse vous serait à charge... vous avez trouvé dans une autre personne les qualités qui me manquent.

MANOURY.

Ah! si je pouvais penser qu'un pareil soupçon fût la cause...

Mᵐᵉ MANOURY.

Ne le croyez pas.

MANOURY.

C'est juste, faut aimer, pour être jaloux.

Mᵐᵉ MANOURY.

D'aujourd'hui seulement je sais cette aventure... cela me blesse, pour vous seulement... pour moi, ces propos vrais ou faux me laissent tout-à-fait indifférente.

MANOURY, à part.

C'est dur à entendre ces choses-là, et si j'avais un peu de cœur.

SCÈNE XIV.

Les Mêmes, GERTRUDE, entrant avec des paquets.

GERTRUDE, bas à Mᵐᵉ Manoury.

Mademoiselle est dans la voiture.

Mᵐᵉ MANOURY, de même.

Bien!..

MANOURY.

Que veut cette femme?

Mᵐᵉ MANOURY, se levant.

M'accompagner, monsieur, chez mon oncle où je me retire. Cette détermination était le motif de l'entretien que je vous ai demandé.

MANOURY.

Quoi! Fanny, vous quittez votre maison?

Mᵐᵉ MANOURY.

La vôtre... monsieur...

MANOURY.

Et votre enfant?

Mᵐᵉ MANOURY.

Je l'emmène, monsieur.

MANOURY.

Et votre mari?

Mᵐᵉ MANOURY.

Je ne fais pas son bonheur et il trouble le mien... Je ne veux pas que le désordre dans lequel il se jette me soit reproché un jour... c'est à ma froideur que vous attribuez tous vos excès; mon absence vous rendra le calme, et vous redeviendrez, j'espère, ce que vous étiez.

MANOURY.

Vous me quittez, madame.

Mᵐᵉ MANOURY.

Je vous rends la paix, monsieur.

MANOURY, tout-à-fait dégrisé.

Non, vous ne partirez pas!.. il ne sera pas

dit qu'une femme honnête, qu'une bonne mère
aura été chassée de sa maison par un ivrogne...
car c'est le vin qui m'a fait dire tout ce que j'ai
dit!.. et pourtant vous avez raison... nous ne
pouvons plus rester ensemble, le chagrin nous
tuerait, et comme vous êtes la plus faible, vous
succomberiez la première... oh ! non pas!.. je
ne sais pas aimer comme vous l'auriez voulu...
mais je vous aime à donner ma vie pour vous !
Gertrude!.. obéissez-moi pour la première et la
dernière fois... jetez là ces paquets.

GERTRUDE.

Mais...

MANOURY, les lui arrachant.

Jetez-les donc!.. ce n'est pas vous, c'est moi
qui quitterai la maison, et pour n'y revenir jamais.

Mme MANOURY.

Que dites-vous?

MANOURY.

Je dis, madame, que si vous avez encore quelque pitié pour un pauvre homme qui vous a trop
aimée, vous ne refuserez pas de conserver la
fortune qu'il a été si heureux de mettre à vos
pieds... vous resterez dans ce château où s'est
passée votre jeunesse.

SCÈNE XV.

LES MÊMES, DUPONT, GUILLAUME, PAS-
TOUREAU, DES AMIS DE MANOURY.

FINAL.

Musique de M. PAUL CUZENT.

CHOEUR.

Nous venons, selon ton désir,
Ici nous mettre à table,
Et goûter avec plaisir
Un vin que l'on dit délectable.

MANOURY.

Chut ! mes amis, cette maison
N'est plus à moi.

LE CHOEUR.

Que veut-il dire?

Mme MANOURY.

Restez, monsieur, je me retire.

MANOURY.

Non, pour toujours, je pars.

LE CHOEUR.

Il veut rire,
Ou bien il n'a plus sa raison.

Quel est donc ce mystère,
Manoury va partir,
Il quitte la maison de son père,
Pour n'y plus revenir.

MANOURY.

Je vous laisse à jamais ma fortune et ma fille.

Mme MANOURY.

Gardez le bien de votre famille.

MANOURY.

De tous ses biens, revenus et château,
Je ne regrette qu'un berceau :
Je vous laisse ma fille en partant.

Mme MANOURY.

Comptez sur le cœur d'une mère,
Je veillerai sur elle à chaque instant.

MANOURY.

Ne dites pas au pauvre enfant
Trop de mal de son père.

LE CHOEUR.

Quel est donc ce mystère, etc.

MANOURY.

Pour eux c'est un mystère,
Pourtant je vais partir ;
Je quitte la maison de mon père,
Pour n'y plus revenir.

Mme MANOURY.

Mon Dieu que veut-il faire?
Voudrait-il donc partir.
Et quitter la maison de son père,
Pour n'y plus revenir.

FIN DU PREMIER ACTE.

ACTE II.

Quinze ans après l'acte précédent.

Le théâtre représente une rue de village, aux environs de Poissy. A gauche, la maison de Mme Manoury, qui a
prise le nom de Mme de Murville; un petit grillage vert et quelques arbustes sont devant la porte, des chaises, une
table : c'est là que les dames travaillent. A droite, la maison de Thérèse ; à droite aussi un marchand de vin.

SCÈNE I.

GERTRUDE, THÉRÈSE.

GERTRUDE, sort de la maison de Thérèse et porte
quelques ustensiles de ménage.

Merci, merci, voisine, je porterai bien tout
moi-même.

THÉRÈSE.

Non, je vais vous aider... Ah ça ! c'est donc
une grande fête, que votre batterie de cuisine ne
suffit pas?

GERTRUDE.

Je crois bien que c'est une fête... c'est le
seizième anniversaire de la naissance de Mlle
Louise... autrefois, c'était bien autre chose;
mais depuis que l'oncle de madame l'a jetée dans
les spéculations, le château, les domestiques, les
terres, tout ça s'est fondu... Nous n'avons plus
que cette petite maison et un revenu qui nous
vient du ciel.

THÉRÈSE.

Comment, du ciel!

GERTRUDE.

Oh! c'est une histoire... là!.. donnez-moi ça,
Thérèse... je vous remercie. (Elle entre avec une
partie des ustensiles.) Entrez-vous ?

THÉRÈSE.

Non, je vais attendre là.

GERTRUDE, revenant lui prendre ce qu'elle tient
encore.

Voilà tout ce qu'il me faut... Pourquoi n'entrez-vous pas ?

THÉRÈSE.

C'est que j'attends le père François.

GERTRUDE.

Mais qu'est-ce que c'est donc que ce père François?.. je n'entends que ce nom-là dans tout le village.

THÉRÈSE.

Oh ! c'est un brave homme !.. un marchand de bœufs.

GERTRUDE.

On dit qu'il fait du bien à tout le monde... Il est donc bien riche?

THÉRÈSE.

Oh ! non... c'est un pauvre homme qui fait un petit commerce qui l'aide à vivre, voilà tout.

SCÈNE II.

LES MÊMES, LOUISE.

GERTRUDE.

Tenez, Thérèse, voilà Mlle Louise... je suis sûre qu'elle a quelque chose à vous demander.
(Louise entre.)

LOUISE.

Oui, sans doute... M. Adolphe est-il tout-à-fait remis !

THÉRÈSE.

Dieu merci, mademoiselle, il n'y pense plus.

LOUISE.

Quelle imprudence !.. s'exposer à se noyer pour une fleur.

THÉRÈSE.

Vous la trouviez jolie.

LOUISE.

Aussi, j'ai bien regretté de l'avoir dit quand je l'ai vu, malgré vos cris, descendre au travers des saules pour contenter un caprice de jeune fille... puis son pied a glissé... et il a disparu dans la rivière... Oh ! mon Dieu ! que j'ai eu peur, ma bonne Thérèse.

THÉRÈSE.

Grâce au ciel ! il s'en est retiré.

LOUISE.

Oui, avec une grosse fièvre !.. Il me semble que depuis ce jour-là je n'aime plus les fleurs... excepté celle-ci, pourtant, que je garde pour... pour m'avertir qu'il ne faut jamais avoir de caprices qui coutent aussi cher... quand je pense qu'à cause de moi vous pouviez perdre votre fils.

THÉRÈSE.

Dieu ne l'aurait pas voulu... C'est mon seul bonheur dans ce monde !.. Il viendra vous voir aujourd'hui, mademoiselle, vous aurez sa première visite. Je rentre pour m'assurer qu'il ne lui manque rien.

LOUISE.

Air : Mire dans mes yeux.

Dites-lui qu'avec plaisir
Auprès de ma mère,
Je le reverrai, j'espère.
Bientôt revenir.

Dites-lui, je vous en prie,
Que je garde avec bonheur,
La fleur, qu'au prix de sa vie,
Il alla chercher sans peur?
Cette fleur, bien que flétrie,
Sera toujours sur mon cœur.

ENSEMBLE.

Dites-lui , etc.

J'lui dirai qu'avec plaisir,
Auprès d'votre mère,
Vous le reverrai, ma chère,
Bientôt revenir.

SCÈNE III.

LES MÊMES, GERTRUDE.

GERTRUDE, apportant des légumes.

Moi, je vais éplucher mes légumes auprès de vous, mademoiselle, pour vous tenir compagnie.

LOUISE, s'asseyant et brodant.

C'est bien aimable à toi, Gertrude.

GERTRUDE.

Et puis, je suis bien aise de vous parler franchement et à cœur ouvert... qu'est-ce que j'ai donc fait de mes carottes? ah! les voilà!.. Qu'est-ce que je disais?.. J'y suis !.. Nous ne sommes plus dans les grandeurs, mon enfant; mais comme à toute chose il y a un bon côté, notre ruine aura cela de consolant... qu'elle vous permettra de vous marier à votre goût, ce que ne peuvent faire ni les demoiselles nobles, ni les filles riches... vous êtes de mon avis, n'est-ce pas ?

LOUISE.

Air de Masini.

Pour moi, j'aurais toujours mépris
Des biens que donne la richesse,
S'il fallait que de ma tendresse
Ils deviennent un jour le prix.
Quand la fortune, en sa rigueur,
Ne nous admet pas au partage ;
On a, du moins, dans le ménage
Beaucoup d'amour... c'est le bonheur.

Oh ! certainement !

GERTRUDE.

Et en fait de mari, votre choix est déjà fait.

LOUISE.

Tu crois, Gertrude ?

GERTRUDE.

Vous avez choisi M. Adolphe.

LOUISE.

Gertrude !

GERTRUDE.

Eh bien ! il n'y a pas de mal à ça... M. Adolphe est un charmant garçon, instruit... premier clerc de notaire... et qui serait notaire bientôt, si une dot...

LOUISE.

Mais je n'ai rien.

GERTRUDE.

Vous n'avez rien, c'est vrai; mais votre père reviendra peut-être... c'était un original: mais il avait du bon !.. Il était industrieux... De son temps on était riche au château... c'était un peu commun ; mais c'était cossu... C'est pas lui qui aurait donné dans toutes les chimères de M. de Murville... avec toutes ses actions... Nous en a-t-il fait prendre, mon dieu ! de ces gueuses d'actions !

LOUISE.

Hélas ! ma mère en a son secrétaire rempli.

GERTRUDE.

Oui, elle peut les vendre à la livre, maintenant comme autrefois les assignats.

LOUISE.

Pauvre mère ! c'est elle que je plains !

GERTRUDE.

Pourtant, il faut qu'il y ait quelque sorcier qui la protége... d'où peuvent venir ces rouleaux d'or qu'elle trouve tous les six mois, soit sous un meuble, soit sous son oreiller... Cinquante louis chaque fois... c'est bien singulier.

LOUISE.

Mais qu'est-ce que cela, comparé à la fortune qu'elle avait ?

GERTRUDE.

Dam ! c'est pour vivre dans l'aisance dans un petit village... Dieu veuille seulement que ça dure... nous serions aussi heureuses ici qu'au château... d'abord, madame vous marierait avec M. Adolphe.

LOUISE.

Penses-tu que ma mère !..

GERTRUDE.

Je sais à quoi m'en tenir... Elle doit en parler aujourd'hui à Thérèse.,. qui ne demandera pas mieux... c'est encore un joli parti pour M. Adolphe, que la fille de Mᵐᵉ de Murville, car votre mère a repris son nom de demoiselle... si vous n'êtes pas millionnaire, vous êtes jolie, bien élevée...

Air de l'Angelus.

Oh ! quel bonheur serait le mien.
D'vous entendre appeler madame.
Madame ! ce mot fait si bien.
C'est un bel état qu'celui d'femme ;
Je vous l'souhaite et du fond ne l'âme.

LOUISE.

C'est le vœu secret de mon cœur ;
Mais, avec Adolphe et ma mère,
Il faut encor, pour mon bonheur...

GERTRUDE.

Quoi ?

LOUISE.

La présence de mon père ;
Je pense toujours à mon père.

GERTRUDE.

Dam ! peut-être le retrouvera-t-on !.. quoiqu'il y ait bientôt quinze ans que l'on n'en a entendu parler...

SCÈNE IV.

LES MÊMES, ADOLPHE. Il paraît souffrant.

ADOLPHE, s'approchant du petit grillage.
Mademoiselle !..

LOUISE, se levant.

Ah ! monsieur Adolphe !.. Entrez donc... asseyez-vous là... ne restez pas debout... Vous devez être encore bien faible !

ADOLPHE.

Oh ! je me sens mieux, mademoiselle ; le touchant intérêt que vous m'avez témoigné pendant cette indisposition m'a rendu la santé.

LOUISE.

J'aurais été vraiment bien ingrate de ne pas m'occuper de vous... Un pauvre jeune homme qui pouvait périr, parce que j'avais dit : « Voilà une jolie fleur !.. » et qui, tout en se débattant contre le courant qui l'entraînait, ne l'a pas quittée, afin de me la rapporter.

ADOLPHE, gaîment.

Puisque je m'étais jeté à la rivière, il fallait, au moins, que cela servît à quelque chose.

LOUISE.

Oui, mais, dorénavant, vous voudrez bien ne plus vous jeter nulle part, je vous le défends... Je puis bien lui défendre cela, n'est-ce pas, Gertrude ?

GERTRUDE.

Certainement... (A part.) Si les jeunes filles ne prenaient jamais que la liberté de défendre... Bon ! voilà que j'ai perdu mes poireaux !

LOUISE.

Savez-vous, monsieur Adolphe, que je vous connaissais avant de vous avoir vu ?.. on m'avait parlé de vous.

ADOLPHE.

Qui donc ?

LOUISE.

Le père François !

ADOLPHE.

Comment ! vous connaissez le père François !

LOUISE.

Oh ! il y a bien long-temps... quand nous étions encore au château de Saint-Georges. Vous rappelez-vous, Gertrude ?

GERTRUDE.

Je ne sais pas comment ça se fait... Je ne l'ai jamais vu, mais vous m'en avez souvent parlé, mademoiselle...

LOUISE.

Quand je passais un peu la grille du parc pour me promener dans la grande avenue, j'étais bien sûre de voir le père François ; il me donnait des oiseaux, des fleurs, de beaux fruits... J'ai voulu souvent le mener voir maman ; mais, comme il ne faisait que passer pour aller au marché, il n'avait jamais le temps... J'ai conduit quelquefois maman sur la grande route, mais il ne passait pas quand elle était avec moi.

ADOLPHE.

C'est un original, mais c'est un bon homme au fond... C'est lui qui est chargé d'apporter de de Paris à ma mère la rente qui nous fait vivre.

GERTRUDE.

Quel est donc son état, à ce brave homme ?

ADOLPHE.

Il paraît qu'il fait un petit commerce de bestiaux à Poissy.

LOUISE.

Quand maman a été forcée de vendre le château... je lui ai dit que nous allions nous retirer dans ce village, dans cette maison, la seule qui restât de la fortune de mon père ; c'est alors qu'il m'a parlé de vous, monsieur Adolphe, de votre mère, que nous allions avoir pour voisins.

ADOLPHE.

Et vous ne l'avez pas revu depuis deux ans que vous habitez ce village ?

LOUISE.

Oh ! si, plusieurs fois... mais toujours quand j'étais seule... Ah ! voilà maman !

SCÈNE V.
LES MÊMES, Mme MANOURY.

Mme MANOURY.

Bonjour, monsieur Adolphe !.. Ne vous effrayez pas à mon arrivée... j'ai permis à ma fille de vous recevoir.

GERTRUDE.

D'ailleurs, je suis là !.. Je crois que j'ai mis mes épluchures dans ma julienne.

ADOLPHE.

Je vous remercie, madame, de votre bonté !

Mme MANOURY.

Vous aurez bientôt d'autres remercîmens à me faire... mais, pour cela, j'ai besoin de parler à votre mère... Voudrez-vous bien lui dire d'être assez bonne pour venir me voir aujourd'hui ?

ADOLPHE.

Madame, j'y vais à l'instant. (Bas à Louise.) Vous permettez, mademoiselle ?

LOUISE, de même.

Je vous permets de dire à votre mère que je l'aime déjà beaucoup.

ENSEMBLE.

Air : Ils vont se mettre en chasse.

GERTRUDE et LOUISE.

Partez sans plus attendre ;
Car, vous devez comprendre,
Ce qu'on prépare ici,
Ce doit être, je gage,
De votre/notre mariage
Qu'il s'agit aujourd'hui.

ADOLPHE.

Je pars, sans plus attendre ;
Car je crois bien comprendre
Ce qu'on prépare ici :
Ma joie est un présage
Que, de mon mariage,
Il s'agit aujourd'hui.

SCÈNE VI.
LES MÊMES, excepté ADOLPHE.

Mme MANOURY, à part le voyant sortir.

C'est un bon jeune homme !.. il aime Louise... il est aimé d'elle... et je sais trop ce qu'amènent de chagrins les unions mal assorties, pour ne pas désirer ce mariage.

Air nouveau.

Ah ! si j'avais aimé son père
De cet amour qu'il avait, lui !..
Ma fille aurait avec sa mère,
Dans le monde, un second appui ;
Mais, je suis sa seule famille,
Son bonheur doit être ma loi ;
Pour les chagrins, pour le malheur, je veux ma fille !
Tout pour moi,
Rien pour toi.

(Haut.) Eh bien ! Gertrude, aurons-nous un dîner qui rappellera le tems de notre fortune ?

GERTRUDE.

Mais, mademoiselle, je crois qu'il ne nous fera pas déshonneur.

Mme MANOURY.

C'est pour fêter ton seizième anniversaire, mon enfant ; j'inviterai la bonne Thérèse et son fils... j'attends mon oncle.

LOUISE.

Ce pauvre oncle, il est ruiné aussi, n'est-ce pas ?

Mme MANOURY.

Oh ! mon Dieu, oui ! il nous a tous jetés dans ses spéculations !.. Il a cru bien faire... mais il n'a pas comme moi un génie bienfaisant, qui jette de l'or presque sous ses pas... J'accepte, car, sur chaque rouleau, il y a : «Restitution à Mlle de Murville.» A la bonne heure ! je ne trouve pas cela extraordinaire parce que l'on a beaucoup à me restituer... mais c'est la forme que je ne comprends pas... aucun étranger n'entre chez moi... et pourtant, la dernière fois, j'ai trouvé cinquante louis, sous mon oreiller... C'est incroyable !

GERTRUDE.

Enfin, à tout prendre, ceux qui se glissent dans la maison ne sont pas des voleurs.

Mme MANOURY.

Peut-être saurons-nous, un jour, le mot de cette énigme.

GERTRUDE.

C'est quelqu'honnête débiteur qui s'acquitte tout doucement... on vous a tant emporté d'argent... Si vous voulez, madame, nous allons disposer le couvert... convenir des places...

Mme MANOURY.

Volontiers... Viens-tu, Louise ?

LOUISE, se levant.

Oui, maman.   (Elles rentrent.)

GERTRUDE.

Je vais ramasser mes légumes.

(Elle reste un instant, et remet ses légumes dans son panier.)

SCÈNE VII.
MANOURY, DUPONT, GERTRUDE.

(Manoury est vêtu d'une blouse grossière ; il a des favoris gris, un bonnet sous son chapeau : costume complet d'un marchand de bœufs de Poissy. Dupont est dans un costume à peu près semblable ; ils arrivent et frappent avec leurs bâtons, sur la table, qui est à la porte du marchand de vin.)

MANOURY.

Eh !.. là !.. la maison !.. Est-ce qu'on dort, ici !

DUPONT.

Réveillez-vous, belle endormie !..

GERTRUDE, rentrant.

Madame a bien fait de rentrer.,. Voilà des ivrognes qui vont s'attabler chez le père Pichard.

RICHARD, sortant de sa boutique.

Eh bien ! qu'est-ce qu'il y a donc ? Ah ! ah ! c'est vous, père François !

MANOURY.

Oui, c'est moi ; donne-nous du vin.

PICHARD.

Et du cacheté !

DUPONT.

Allons dépêche-toi. (Ils s'asseyent.) Ah ça ! mon vieux, voyons, qu'est-ce que tu vas faire ?

MANOURY.

Je vas marier ma fille.

DUPONT.

Ta fille !.. ta fille !.. Tu veux dire Mlle de Murville, car toi, on ne te connaît pas.

MANOURY.

Oh ! que si !.. ma fille connaît bien le père François !.. Depuis mon retour de New-York, je ne l'ai pas perdue de vue, et je t'ai amené pour que tu la puisses admirer. Vrai, elle est charmante !..

Air : Mon Colonel, de moi, sera content.

J'ai su, de plus, qu'elle était amoureuse
D'un beau garçon, travailleur et rangé,
Et comm' je veux que ma fille soit heureuse,
J' reviens, ici, pour lui donner c' que j'ai,
Signer l' contrat et prendre mon congé ;
Chacun entend l' bonheur à sa manière,
Et, mon bonheur c'est d'êtr' leur ang' gardien ;
J' s'rai toujours là, si j'ai du bien à faire,
Et j' n'y s'rai plus, s'ils n'ont besoin de rien.

Tu as dit à tout mon monde de se trouver là ?

DUPONT.

Oui, ça sera prêt !

MANOURY.

Je vais appeler ma petite Louise.

(Il ouvre le grillage et s'approche de la fenêtre.)

DUPONT.

Prends garde à toi, tu vas te faire pincer par madame ton épouse.

MANOURY.

Laisse donc faire... elle m'a si peu regardé dans sa vie, qu'elle ne me reconnaîtrait pas avec cet équipage-là. (Il regarde au travers de la jalousie.) La voilà dans la salle à manger... elle est seule !..   (Il frappe à la jalousie.)

LOUISE, ouvrant.

Qui est là ?

MANOURY.

Moi, Mlle Louise.

LOUISE.

Ah ! c'est vous, père François !.. J'ai bien des choses à vous dire, allez ! je suis à vous.

MANOURY.

Elle vient ! tu vas la voir.

LOUISE, sortant de la maison,

Bonjour, père François !

MANOURY, bas à Dupont.

Hein !.. qu'est-ce que t'en dis ?

DUPONT, de même.

C'est chenu !

MANOURY.

Quoi de nouveau, mon enfant ?

LOUISE.

Il y a, que ce que vous m'aviez prédit, père François, est arrivé... Je crois que je vais me marier.   MANOURY.

Avec M. Adolphe, n'est-ce pas ?

LOUISE.

Oui.

MANOURY.

C'est un digne jeune homme, allez !

LOUISE.

Vous le connaissez aussi, lui...

MANOURY.

Oui... et il y a long-temps !.. A propos, pour la noce, faudra faire quelques petites dépenses. (Il tire un rouleau de sa poche.) Mettez ça quelque part, de manière à ce qu'on le trouve tout de suite.

LOUISE.

Je ne sais pas si je dois me charger encore... C'est tromper ma mère qui croit qu'un étranger..

MANOURY.

Ce n'est pas moi qui vous donnerais un mauvais conseil, n'est-ce pas ?

LOUISE.

Je vous crois trop honnête homme pour cela... Et puis je ne sais pas... je vous aime.

MANOURY.

Et moi aussi je vous aime ! c'est pour ça qu'il faut continuer nos petites cachettes.

LOUISE.

Mais si vous remettiez cela à ma mère ?

MANOURY.

Tout serait perdu... la personne qui fait cette restitution à votre mère est, peut-être, une de celles qui ont acheté ses propriétés à vil prix... elle ne veut pas être connue... c'est un remords de conscience dont il faut profiter... si on me voyait, moi, on prendrait des renseignemens... on découvrirait la chose.

LOUISE.

Allons, père François, je ferai ce que vous voudrez... vous paraissez m'aimer depuis si long-temps, que je ne me sens pas la force de n'être pas de votre avis.

MANOURY.

Rentrez... si vous avez quelque chose à me faire savoir, je passerai une partie de la journée chez le père Pichard... d'ailleurs, j'ai aussi à parler à Adolphe... Faut-il lui dire quelque chose pour vous ?

LOUISE, gaîment.

Merci, père François... je crois qu'il sait maintenant tout ce que j'ai à lui dire.

(Elle rentre.)

SCÈNE VIII.

MANOURY, DUPONT.

MANOURY, la regardant sortir.

Est-elle gentille !.. est-elle aimable !.. quelle bonne petite femme ça sera... Si madame sa mère avait été comme ça... ou plutôt, moi, si j'avais été comme Adolphe... c'est égal, ça me console !.. (Revenant à la table.) Eh bien ! comment la trouves-tu ?

DUPONT.

C'est, ma foi, un beau brin de fille !.. elle ne te ressemble pas du tout.

MANOURY.

Et puis franche et bonne fille de campagne... et pourtant élevée comme une demoiselle.

DUPONT.

Faut croire que l'ex-madame Manoury, n'a pas trouvé que ça lui avait bien réussi... Elle a éduqué sa fille dans un autre genre.

MANOURY.

Ca prouve qu'elle a encore du bon.

SCÈNE IX.

ADOLPHE, THÉRÈSE, sortant de leur maison.
MANOURY, DUPONT, à la table du cabaret.

ADOLPHE.

Oui, ma bonne mère, Mme de Murville veut
vous parler... il s'agit de mon bonheur !

THÉRÈSE.

Pour ton bonheur, cher enfant, je ferais
tout au monde... mais je doute...

ADOLPHE.

Vous doutez ma mère... mais j'ai tout lieu
de croire, que Mme de Murville est bien dispo-
sée... et alors... mais la voilà, je vous laisse
ensemble.

SCÈNE X.

LES MÊMES, Mme MANOURY.

Mme MANOURY..

Ne vous voyant pas venir, j'allais chez vous,
Thérèse ; veuillez vous asseoir auprès de moi.

MANOURY, toujours à table.

Psit !.. psit !.. Adolphe ! Adolphe !..

ADOLPHE, qui allait sortir.

Le père François !

Mme MANOURY.

J'ai à vous parler d'une chose sérieuse, Thérèse ; vous pressentez, sans doute, ce dont il
s'agit ?

THÉRÈSE.

Mon fils m'a laissé entendre, madame.

(Elles s'asseyent.)

MANOURY.

Je comprends, mon garçon, les deux ma-
mans vont parler ensemble, rentrons chez le
père Pichard pour les laisser libres.

(Ils rentrent.)

SCÈNE XI.

Mme MANOURY, THÉRÈSE.

Mme MANOURY.

Comme vous l'avez fait, sans doute, j'ai de-
viné l'amour de nos deux enfans... j'avais rêvé
pour ma fille un riche mariage, mais ma fortune
m'a quittée ; puis je m'étais promis de ne pas
contrarier l'inclination de Louise ; je voulais que
son mari fût surtout de son choix. Votre fils est
un honnête jeune homme ; en travaillant, il pourra
devenir quelque chose... Le peu que je possède
encore est pour Louise.

THÉRÈSE, qui a pleuré en écoutant Mme de Murville.

Arrêtez, madame, ce mariage ferait toute
ma joie, mais il est impossible !

Mme MANOURY.

Impossible ! et pourquoi ?

THÉRÈSE.

Mon fils n'a pas de nom à donner à votre
fille.

Mme MANOURY.

Comment ?

THÉRÈSE.

J'étais bien jeune !.. je n'avais pour guide et
pour soutien qu'une vieille tante infirme, lorsque,
pour mon malheur un homme m'aima. Il n'ha-
bitait pas le pays, ses affaires l'y avaient appelé...
sans expérience, croyant à ses protestations, je
me livrai sans défiance à cet homme ! quand il
m'eut perdue, je lui demandai de réparer notre
faute commune, de m'épouser... Cet homme, en
apprenant que j'allais être mère, pâlit et se trou-
bla ; puis, tombant à mes genoux, m'avoua qu'il
était marié... Marié, madame, et moi perdue !
il me déclara qu'il ne pouvait ni légitimer ni reconnaître mon enfant... Il m'offrit de l'or, que
je refusai, puis il partit. Ma vieille tante mou-
rut, je restai seule avec mon enfant !.. Je l'éle-
vai avec le travail de mes jours et de mes nuits,
puis avec l'aide d'un homme de bien qui voulut
réparer, autant qu'il lui était possible, la faute
que j'avais commise. Ce protecteur disparut un
jour tout-à-coup ; mais ses bienfaits ne m'ont
pas quittée. Avec la pension que je reçois toujours exactement, j'ai pu donner à mon Adolphe
une éducation qui lui sera peut-être fatale ; car
elle a éveillé en lui des désirs que je ne pourrai
satisfaire, des espérances qui ne se réaliseront
jamais.

Mme MANOURY.

Et vous n'avez pas poursuivi votre séducteur ?

THÉRÈSE.

A quoi bon ? j'ai su qu'il était réellement marié... Sa femme, ses enfans ne m'avaient rien fait,
et un éclat aurait désespéré sa femme et ses enfans. Seule, j'ai voulu souffrir pour expier ma
faute ; mais, hélas ! mon pauvre Adolphe en por-
tera le poids aussi, peut-être !

Mme MANOURY.

Pauvre femme !.. Mais le nom... le nom de votre séducteur ?

THÉRÈSE.

Je vous le dirai... mais, promettez-moi de ne
jamais révéler ce nom... il s'appelait Manoury.

Mme MANOURY, se levant avec effroi,

Manoury ! Ah ! quel nom avez-vous prononcé !
Malheureuse femme !.. pauvres enfans !.. Non,
plus d'espoir ! plus de mariage !..

THÉRÈSE, surprise.

Je savais bien, madame, que la position de
mon fils ne me permettait pas d'espérer... Mais,
en quoi ce nom?..

Mme MANOURY, se remettant.

Il n'y a rien qui augmente les difficultés...
Seulement il m'a rappelé des circonstances... Cependant, Thérèse, ce que vous m'avez confié
m'empêche désormais de recevoir votre fils, di-
tes-le lui avec ménagement ; d'ailleurs, dans peu
de jours je quitterai ce village... je vendrai cette
maison... Qu'il ne revoie plus Louise, entendez-vous, Thérèse ?.. Leur amour n'est plus
possible !.. Adieu, Thérèse... Je vous plains, je
vous estime, mais nous ne devons plus nous revoir.

(Elle rentre.)

SCÈNE XII.

THÉRÈSE, seule un instant ; ADOLPHE,
sortant du cabaret.

THÉRÈSE.

Voilà ce que j'avais prévu !.. Pauvre Adolphe !..
comment lui dire ?

ADOLPHE, joyeux.

Eh bien! ma mère, tout est arrangé, n'est-ce pas?

THÉRÈSE.

Adolphe, il faut avoir de la résignation, mon ami... Mme de Murville rend justice à toutes tes bonnes qualités, mais elle craint... elle pense... dans ce moment; enfin, le mariage n'est pas possible.

ADOLPHE.

Que dites-vous là!.. D'où vient ce changement subit?

THÉRÈSE.

D'un aveu, que je redoutais, de ta naissance!

ADOLPHE.

De ma naissance! Mais, n'êtes-vous pas, par vos vertus, votre bonté, l'égale de toutes les femmes!.. Mon père était paysan!.. mais vous ne l'eussiez pas aimé... s'il n'eût pas été honnête homme!.. Or, dans deux familles pauvres, que doit-on rechercher?.. une origine qui honore par la probité.

THÉRÈSE, pleurant.

Ne m'interroge pas aujourd'hui, mon ami, c'est assez de chagrin pour un jour!..

SCÈNE XIII.

ADOLPHE seul; puis MANOURY et DUPONT, ADOLPHE.

Ne m'interroge pas! Ma mère a donc quelque chose à me confier... Oh! mon Dieu! que je suis malheureux! Et ce père François qui me disait que tout s'arrangerait aujourd'hui. (Appelant.) Père François, père François!

MANOURY.

Voilà, jeune homme... Père Pichard, apportez notre bouteille ici... Eh bien! comment vont les fiançailles?

ADOLPHE.

Tout est rompu; Mme de Murville ne consent plus à me donner sa fille.

MANOURY.

Bah! c'est drôle!

ADOLPHE.

C'est affreux, vous voulez dire?

MANOURY.

Ça s'est donc dérangé après la conversation de tout à l'heure?

ADOLPHE.

J'ai eu peu d'explications... seulement ma mère m'a dit que Mme de Murville trouvait ce mariage impossible.

MANOURY.

Mets-toi là, garçon, bois un coup et sois tranquille.

ADOLPHE.

Je vous remercie, je n'ai pas soif et je ne suis pas tranquille.

DUPONT, versant à Adolphe.

Tiens! le fond de la bouteille! Jeune homme, vous serez marié cette année.

ADOLPHE.

Vous choisissez bien le moment pour faire des plaisanteries.

MANOURY.

Allons, jeune homme, il ne faut pas se laisser abattre comme ça... Avez-vous confiance au père François?

ADOLPHE.

Oui, sans doute... mais...

MANOURY.

Il n'y a pas de mais... Vous signerez votre contrat aujourd'hui.

SCÈNE XIV.
LES MÊMES, GERTRUDE.

M. Adolphe, Madame a permis à Mademoiselle de vous écrire; voilà un petit billet qu'elle m'a chargé de vous remettre.

ADOLPHE.

Donnez, bonne Gertrude.

DUPONT.

Tiens! c'est la vieille Gertrude.

GERTRUDE.

La vieille!

DUPONT.

Vous ne me reconnaissez pas? Vous aviez pourtant bien du plaisir à me voir au château de Saint-Georges.

GERTRUDE.

Ah! c'est vous, M. Dupont? Dam', c'est qu'il y a du temps... On peut bien ne pas reconnaître tout de suite...

ADOLPHE, après avoir lu le billet.

Charmante!.. toujours charmante!..

GERTRUDE.

Que dirai-je à Mademoiselle?

ADOLPHE.

Que je suis au désespoir!..

GERTRUDE.

Eh bien! M. Dupont, avez-vous des nouvelles de ce M. Manoury qu'on n'a jamais revu?

DUPONT.

Ma foi, non! il est bien loin s'il court encore!

MANOURY, tournant le dos.

Est-ce que vous avez peur de le voir revenir?

GERTRUDE.

Ma foi, non, je désire son retour au contraire.

MANOURY.

Bah!

GERTRUDE.

De son temps on n'aurait pas vendu le château, et s'il était ici, on ne vendrait pas cette maison notre dernière ressource... il était un peu brutal, mais je m'y serais habituée.

MANOURY.

Oh! il est mort sans doute.

GERTRUDE.

Mort! pauvre cher homme!..

MANOURY.

Dites-moi ma bonne, vous rentrez chez Mme de Murville, n'est-ce pas?

GERTRUDE.

Oui.

MANOURY.

Faites-moi le plaisir de dire à Mlle Louise que le père François veut lui parler.

GERTRUDE.

Tiens, c'est vous qui êtes le père François?

MANOURY.

Comme vous voyez!

GERTRUDE.

Ah! mademoiselle m'a joliment parlé de vous, allez... je vas lui dire que vous êtes là... (Revenant.) Dites donc, mademoiselle ne va pas venir au cabaret, vous pensez bien... venez, là, au petit jardin.   (Elle rentre.)

MANOURY.

C'est juste : vous, jeune homme, restez là avec Dupont ; je vas parler à la jeune fille.

ADOLPHE.

Eh! mon Dieu, que ferez-vous? elle m'aime j'en suis sûr... sa lettre me le dit... et cependant elle m'ôte tout espoir.

MANOURY.

A ce soir le contrat, à demain la noce.

ADOLPHE.

Je crois, mon pauvre père François, que vous êtes fou!

MANOURY.

Rappelez-vous', jeune homme, qu'il n'y a de fous dans le monde que les amoureux, et que je n'ai plus ce défaut-là... Ah! voici Louise... du calme, et ne bougeons pas... on lui a défendu de vous voir et il ne faut rien lui faire faire contre la volonté de sa mère.

(Adolphe apercevant Louise veut lui faire des signes.)

DUPONT, le faisant rasseoir.

Pas de gestes, jeune homme! le père François vous a dit d'être calme c'est qu'il est sûr de son affaire.

LOUISE, triste.

Vous m'avez fait demander, père François?

MANOURY.

Oui, Mademoiselle, j'ai appris que vous aviez du chagrin, et je n'ai pas envie que ça dure... car, vous le savez, je vous aime, moi!

LOUISE.

Ah! oui, sans doute!.. mais que pouvez-vous faire? il n'y a que mon père qui pourrait m'être utile... il m'a abandonnée!..

MANOURY.

Il a eu tort... à cause de vous, son enfant!.. il aurait peut-être dû supporter... est-ce que votre mère vous en parlait quelquefois?

LOUISE.

Oh! très souvent!

MANOURY.

Elle vous en disait du mal?

LOUISE.

Jamais!

MANOURY.

Elle ne se plaignait jamais de lui?

LOUISE.

Au contraire; elle me disait toujours : aime bien celui que tu épouseras, car l'amour en ménage, c'est le bonheur! je n'ai pas su aimer ton père comme j'aurais dû l'aimer... je l'ai rendu malheureux!

MANOURY, ému.

Elle a dit cela! bien vrai? elle le disait aussi au château, quand vous étiez riches?

LOUISE.

Depuis que j'existe j'ai toujours entendu ma mère parler de mon père avec une égale tendresse.

MANOURY.

Eh bien! allez dire à votre mère que M. Manoury m'envoie ici pour la voir et lui parler.

LOUISE.

Vous avez vu mon père!.. ah! parlez-moi de lui! vous a-t-il demandé si vous connaissiez sa fille?

MANOURY.

Il m'a même chargé de vous embrasser pour lui, le voulez-vous?

LOUISE.

Certainement et sur les deux joues... je ne sais pas pourquoi, mais j'espère à présent... Je vais vous envoyer maman.

MANOURY.

Écoutez encore... mettez votre plus belle robe, car tout-à-l'heure vous signerez votre contrat de mariage.

LOUISE.

Avec qui?

MANOURY.

Avec celui que vous aimez.

LOUISE.

Avec Adolphe.

MANOURY.

Oui avec Adolphe.

LOUISE.

Mais vous êtes donc sorcier?

MANOURY.

Je vous aime, voilà tout! allez!.. allez.

SCÈNE XV.

MANOURY, DUPONT, ADOLPHE.

ADOLPHE.

Eh bien, qu'avez-vous fait?

MANOURY, se rasseyant.

Elle est allée s'habiller pour la signature du contrat... allons, dépêchez-vous, allez mettre votre plus bel habit.

ADOLPHE.

Décidément, vous vous moquez de moi.

DUPONT.

Allez vous habiller, jeune homme; une tenue décente est de rigueur.

ADOLPHE.

Comment puis-je croire!.. si cela est vrai, père François, quel homme êtes vous?

MANOURY.

Je suis un homme qui n'a jamais manqué à sa parole... Louise sera votre femme aujourd'hui; allez le dire à votre mère.

ADOLPHE.

J'y vais... je vous ai toujours connu si bon que je ne puis penser que vous voudriez vous jouer de mon chagrin.

MANOURY, lui prenant la main.

Adolphe, ces cheveux-là, ont blanchi avant l'âge... les amis de ma jeunesse ne me reconnaissent plus... Ce sont les chagrins qui ont fait cela, mon ami, jugez si je dois respecter la douleur de ceux que j'aime?.. Allez, et soyez confiant en ma promesse.

ADOLPHE.

Je m'abandonne à vous!..   (Il sort.)

SCÈNE XVI.

MANOURY, DUPONT, puis Mᵐᵉ MANOURY.

MANOURY.

Espérons que tout le monde sera heureux aujourd'hui !.. l'entrevue qui se prépare est celle que je redoute le plus... je vais entendre la voix de ma femme !.. mon vieux cœur en sera-t-il encore ému ?.. (Gaiment.) Ne l'attendons pas au cabaret, elle croirait encore que je suis un mauvais sujet !.. (Il s'approche du treillage.) Je ne dois penser, d'abord, qu'au bonheur de ma fille ! (A Mᵐᵉ Manoury qui paraît.) C'est moi, madame, qui ai demandé à vous parler de la part de M. Manoury.

Mᵐᵉ MANOURY.

Ah ! monsieur, comment nous a-t-il laissés aussi long-temps sans aucune de ses nouvelles !.. il a poussé la rigueur bien loin !.. il a perdu les caresses et l'amitié de sa fille !

MANOURY, à part.

Pas tout-à-fait ! (Haut.) M. Manoury vous avait dit qu'il ne paraîtrait qu'à l'époque du mariage de sa fille... il tiendra parole.

Mᵐᵉ MANOURY.

Ah ! monsieur, que je suis heureuse de le revoir !.. maintenant que j'ai su apprécier tous ceux qui m'ont entourée... combien j'ai regretté l'homme que j'avais épousé !.. j'ai bien senti tous mes torts, mais il était trop tard !

MANOURY.

Il paraît qu'il en avait beaucoup aussi !..

Mᵐᵉ MANOURY.

Ils viennent de moi... d'ailleurs, n'était-ce pas à moi à les excuser ?.. Je n'ai pas été jusqu'à ce jour à le reconnaître... Tant que j'ai su conserver l'opulence qu'il m'avait laissée, j'ai chargé des parens, des amis, de découvrir sa retraite et de le ramener auprès de sa femme et de sa fille... Mais depuis que la fortune m'a abandonnée, j'ai cessé mes recherches... un sentiment de délicatesse que vous apprécierez, m'imposait cette réserve.

MANOURY.

Je crois qu'il sera heureux de vous revoir quelle que soit votre fortune... La sienne n'a pas été heureuse.

Mᵐᵉ MANOURY.

Oh ! qu'il vienne alors... nous lui rendrons en bonheur tout ce que, par ma faute, il aura perdu en richesse.

MANOURY, ému.

Il viendra, Madame, il viendra ! et ce jour sera le plus beau de sa vie.

SCÈNE XVII.

LES PRÉCÉDENS, THÉRÈSE, ADOLPHE, GERTRUDE, LOUISE, DUPONT.

(Thérèse et Adolphe sortant de leur maison, Gertrude et Louise, sortant de la maison de Mme Manoury. Adolphe et Louise sont en grande toilette.)

Mᵐᵉ MANOURY, à Louise.

Que signifie cette toilette ?

LOUISE.

C'est pour signer mon contrat... C'est monsieur qui me l'a dit.

ADOLPHE, qui s'est avancé.

Non, mademoiselle, monsieur vous a trompée... ma mère m'a tout dit, ce mariage est impossible !.. Je n'ai pas de nom !

MANOURY.

Je vous en apporte un.

ADOLPHE.

Je n'ai pas de fortune !

MANOURY.

Vous aurez celle de votre femme.

LOUISE.

Mais, moi, je n'ai rien !

MANOURY.

Vous avez un hôtel à Paris, un château en Normandie, et avec cela 40,000 livres de rentes.

GERTRUDE.

Décidément le bonhomme est fou !

MANOURY.

Non, ma bonne vieille !.. (A Louise.) Cette fortune est à votre père qui l'a refaite ; tandis que votre mère la détruisait de son côté par son inexpérience et les mauvais conseils de votre oncle. Votre père est bien changé ?.. les chagrins l'ont rendu méconnaissable à ses meilleurs amis... aujourd'hui même, sa femme ne l'a pas reconnu !

Mᵐᵉ MANOURY, avec joie.

Serait-il possible ?

MANOURY, jetant sa blouse, son vieux chapeau et paraissant en homme riche.

Oui, c'est moi, Manoury !

LOUISE.

Mon père !..

Mᵐᵉ MANOURY.

Mon mari !　　(Elles se jettent dans ses bras.)

MANOURY.

Oui, sur mon cœur... toutes deux !..

Mᵐᵉ MANOURY.

Mais pour ne plus nous quitter, n'est-ce pas ?

MANOURY, pleurant d'attendrissement.

Jamais !.. jamais !..

DUPONT, paraissant dans le fond avec des domestiques portant une riche corbeille de mariage. Un notaire paraît aussi.

Place ! place au cadeau de la mariée !

Mᵐᵉ MANOURY, tirant son mari à l'écart.

Mon ami, le temps des reproches est passé... mais Thérèse m'a fait une confidence... ce mariage est impossible !..

MANOURY.

Pourquoi donc ça ? je suis riche et le Pape est tolérant !.. Nous aurons une dispense pour marier le cousin et la cousine... Car Adolphe est mon neveu.

Mᵐᵉ MANOURY.

Votre neveu ?

ADOLPHE.

Oh ! quel bonheur !..

MANOURY.

Il est fils de Jérôme Manoury, mon frère, établi depuis 25 ans à New-Yorck, marié ayant un enfant. Il s'enfuit le remords dans l'âme, moi je restai et je donnai du pain à la mère et de l'instruction au fils.

ADOLPHE.

Oh ! mon bon oncle !

MANOURY.

Tu vois que le père François t'a tenu parole... ma belle-sœur et son enfant sont morts
l'année dernière, mon frère avant de les suivre
a pu reconnaître et légitimer son fils. Voici l'acte
qui lui donne un nom, et nous allons signer
l'acte qui lui donnera une femme. Qu'en dis-tu.
Louise ?   **LOUISE.**

Je dis que je conçois maintenant pourquoi
j'aimais tant le père François.

MANOURY.

Mes enfans que notre exemple vous serve de
leçon... si vous vous querellez quelquefois, ne
vous séparez jamais ; la brouille n'a été inventée
que pour le raccommodement.

Air des Frères de lait.

Mme MANOURY.

J'ai méconnu la bonté de votre ame,
Quand ma froideur seule vous occupait.
A mon mari croyant une autre flamme,
J'ai dû penser alors qu'il me trompait.
Dès aujourd'hui, mon ami, je dépouille
Tout souvenir de mon ressentiment.
Oui, j'oublierai le chagrin de la brouille,
Pour le bonheur du raccommodement.

MANOURY.

Vous, mes enfans, dans votre heureux ménage,
Des soins bien doux sauront vous occuper.
S'il survenait quelque léger nuage,
Un mot du cœur viendrait le dissiper.
Un vieux mari mari souvent gronde et bredouille,
Lorsqu'on est jeune, on est toujours amant.
Si de l'hymen pouvait naître la brouille,
L'amour ferait le raccommodement.

DUPONT.

J'éprouve aussi quelqu'fois dans mon ménage,
L'inconvénient de l'état conjugal ;
Je crie un peu, ma femm' d' son coté rage,
Et d'un' bonne scène on s' donne le régal.
Quand mam' Dupont s'met à me chanter pouille,
J' suis obligé de filer poliment,
J'ai bien encor' ce qu'il faut pour la brouille,
Mais j' n'ai plus rien pour le raccommod'ment.

ADOLPHE.

A la Tafna, par une adroite feinte,
Abd-el-Kader à la paix se soumet ;
Jésuite Arabe, avec sa guerre sainte,
Il se parjure au nom de Mahomet.
Si de forfaits sa phalange se souille,
Bientôt viendra le jour du chatiment.
La trahison a fait naître la brouille,
Notre canon f'ra l' raccommodement.

LOUISE, au public.

Ce soir, l'auteur de cette œuvre légère,
N'est pas, messieurs, sans un certain effroi,
Il craint pour lui la critique sévère :
Mais du parterre il respecte la loi.
Au dénoûment quand l'intrigue s'embrouille.
Un bruit aigu nous le dit nettement.
C'est là, messieurs, le signal de la brouille,
(Joignant les mains.)
Voilà celui du raccommodement.

FIN DU MARCHAND DE BOEUFS.

Imprimerie de Mme De Lacombe, rue d'Enghein, 12.